아토포스
6
atopos

아토포스 6 | 2024
도마뱀의 이별법

1판 1쇄 발행 | 2024년 12월 21일

지은이 | 박종익 외
발행인 | 이선우
펴낸곳 | **도서출판 선우미디어**

    등록 | 1997. 8. 7 제305-2014-000020
    02643 서울시 동대문구 장한로12길 40, 101동 203호
    ☎ 2272-3351, 3352 팩스: 2272-5540
    sunwoome@hanmail.net
    Printed in Korea ⓒ 2024. 박종익 외

값 13,000원

※ 잘못된 책은 바꿔 드립니다.
※ 저자와의 협의하여 인지 생략합니다.

ISBN 978-89-5658-787-5 03810

도마뱀의 이별법

아토포스 6집
2024

선우미디어

차 례

나정호
당신이 차오르는 저녁 10 | 가늘고 긴 여자 12
풀집 14 | 돌싱 15

정영호
펭귄 노인 18 | 셀프 자장가 19
살살이 꽃 20 | 수전증 21
로또와 첫사랑 22 | 두 얼굴 24
가오다시 26

김정기
안개 마을 30 | 둘의 여행 31
휴게소 32 | 주린 배 움켜쥐고 34
참깨 열다섯 되 36 | 흰색 나이 38
붓 40

함선미
빛과 아둠의 위험한 입맞춤 42 | 이별 주문서 43
나는 그녀를 썸녀라고 불렀다 44 | 친구의 친구 이야기 46
가만 있으라 48

한상림
구름의 셈법 52 | 달의 뒷면 54
디지털 감옥에서 주소 찾기 56 | 하늘 물고기 58
천장과 바닥사이 60 | 하늘 무덤 62
헛방 63 | 소나기 유전자 66

이현영
5월의 각연사 70 | 아내의 노래 71
우두커니 72 | 청명한 날 74
그때 76

신경철
장마틈새 78 | 혼자가 되는 이유 79
시로 지은 옷 80 | 거북목 82
가을 생각 83 | 신경주역 84

이필영

어떤 선택 88 | 다이어트 전술 90
인생 기록부 92 | 중독 93
어쩌지? 94

양은진

커피가 당신에게 98 | 청바지 CEO 100
바닷가 미니북 102 | 모순의 재구성 104
탕후루 106 | 가을 낚시 108

이소윤

꽃길 112 | 빈자리 114
라일락 115 | 밤 116
소나기 생각 117

이병화

풀명 120 | 구 회 말 투아웃은 언제나 희망 122
수상한 동거 124 | 블랙홀 여행 126
잠자는 고향 127 | 길냥이 128
밤 캐기 130

김진경

종이꽃 할머니 132 | 씨앗으로 던져놓은 말 134
샛별 136 | 바람꽃 137
과속 방지턱 138 | 단풍, 먼 길 가는 날 139
간헐적 이별 140

박종익

뜬구름 집 144 | 허리끈 146
총구 148 | 거미집 150 | 물마중 152
빵에 대한 상대성이론 154 | 도마뱀의 이별법 156
여보게 저 땅은 자네가 가지게 158

나정호

napoes@naver.com

시작 노트

산짐승이 내어준 숲길
들새가 마른 풀 눕혀놓은 논둑길
산길에 우연히 드러난 오솔길

삽차가 언덕을 깎아 만들어 준 지름길

* 신라문학대상, 해양문학상 수상. 시집 「불안한 꿈」 「내가 새가 아니어야 하는 이유」 외 다수. 시화집 「사랑의 인수분해」, 꽁트집 「내가 죽었습니다」 희곡 '첼로', '밤길' 외 다수의 공연 작품 발표, 현) 롯데백화점 문화센터 '사랑의 인수분해' 강사

당신이 차오르는 저녁

새들이 날아드는 방향으로
갈대숲이 휘청이고, 뭇별이 덩달아 들썩입니다
이다음 생에서는
서로를 끝까지 한번 견뎌보자고
서쪽 하늘에 대고 나란히 등 떠밀어 주던
우리들의 약속이 깊어 가는 저녁
사랑은 한 방향으로 흐르는 것이 아니라
처음부터 제 갈 길로 멀어지는 것이었다고,
손톱 깨물며 당신이 끄덕여 주던 말들도
이제는 저물어 갑니다
날개깃에 찬물 끼얹으며 들려주는
들새들의 노래
갈대꽃 마른 입술에서 흘러나오는 하얀 바람들
저녁 하늘 어디에서
꽃도 아니고 바람도 아닌,
갈대가 흔들리는 방향으로
저녁이 기우뚱 차오릅니다

그랬군요, 우리는 해바라기가 아니었고
사랑의 이름으로 서로에게 기울여 주는
햇덩이가 아니었으므로,
우리들의 본명은 처음부터 갈대였습니다
사랑은 나란히 깊어지는 것이 아니라
서로 다른 방향으로
어둑어둑 멀어지는 저녁이라고 말해 주던
당신이 저녁으로 차오릅니다

가늘고 긴 여자

이름을 몇 개씩이나 가진 여자가 있다
어머니보다 훨씬 더 오래 살아온
이 여자
도무지 용서가 안 되는 이 남자에게
가늘고 긴 손으로
스스로 백기를 들어준 여자
아무리 읽어도 이해되지 않는
스피노자의 에티카 몇 쪽지 같은 여자
어머니이기도 하고
큰누나이기도 하면서
이따금 어린 누이 같은, 그러나
속으로만 강물처럼 한없이 가늘고 긴 여자
그 가늘고 긴 손으로
자기 엄마 악성 바이러스를 들고
물 건너온 철없는 여자
외딴 산길에서
봄볕에 몸 말려가는 아지랑이처럼

내게서 아른아른 멀어지는 여자
그래도 그 가늘고 긴 손을 흔들어 주며
쓰게 웃는 이 여자

풀집

지난여름 굵은 빗방울에
몸져누운 백년 가옥, 금 간 와당 사이에
어디 오갈 데 없는 들새 한 마리가
밤새 마른 가지 물어와서
비에도 젖을 일 없는
단칸 무허가 풀집 한 채 지어 올렸다

그래, 빚은 다 갚고 왔지?

돌싱

여자는 집안에 잠겨 살았다
현관을 경계로
사람이 사람에게 흐르는 물길을 끊어놓은
징검다리 돌 같은 여자
몸속에 상처와 눈물을 머금은 채
혼자 벽에 대고 말하고, 벽이 하는 말을 새겨들었다

여자는 오래전에 말을 잃었다
자기가 라벤더라는 걸 잊어버리고
영변의 약산 진달래꽃이라는 걸 까맣게 모르고
자기는 딱 한 번 피었다 떠내려가는
서해안 갯가 수선화인 줄 알고
좀처럼 입을 열지 않았다

여자는 스스로 슬픈 이야기의 주인공이 되었다
세 번의 결혼식을 치르고,
서른일곱 차례 절망을 노래하면서

동그마니 집으로 돌아올 때마다
사람들은 여자를 산으로 흐르게 하고
강으로 오르도록 등 떠밀며 막장 드라마를 썼다

아이를 한 번도 가져보지 못한 여자가
집으로 돌아오는 날,
내 딸은 여전히 라벤더이고,
옛날 그대로 영변의 약산 진달래꽃이라고
여전히 꽃망울이어야 한다고
어머니 혼자 위로했다
사람들 입에서
여자의 이야기가 묻혀있는 웅덩이에서
마른 물길을 파 내려간 사이
스스로 징검다리 돌이 되어 버린 여자,
사람들은 여자를 부를 때
돌싱이라고, 새 이름을 달아줬다

정영호

chung525@daum.net

시작 노트

자신의 아름다움에 매혹돼 물에 빠져
죽은 신화 속 미소년 나르키소스에게
호수는 거울이었다
거울 앞에 설 일이 없는 요즘
가끔 액정 화면에서 내 얼굴을 본다
그때마다 거울이 먼저 웃어주는 일은
한 번도 없었다

* 한국예총 〈예술세계〉로 시 등단. 전 서울시 사무관. 대통령 근정포장 수상.
예술시대작가회, 『정말 삭제하시겠습니까』 외 다수

펭귄 노인

저기 몇 걸음 앞서 걸어가는 노인
검정 모자에 검정 양복 차려입고
기우뚱 걷는다
그림자도 덩달아 뒤뚱거린다
볼록하게 튀어나온 배를
앞으로 힘껏 내밀고
양팔을 앞뒤로 내저으며
마음이 급하다
허공의 중심 붙들고
아픈 무릎 감싸며 뒤뚱거리는 뒷모습이
날고 싶어도 날지 못하는
펭귄을 닮았다
해가 서쪽으로 기울면
걸음보다 마음이 먼저
밀려놓은 숙제처럼
호프야에 가 있다

    * 호프야 : 서울시 강동구 길동에 있는 조그마한 선술집

셀프 자장가

아들딸 살림 내서
다 떠나보내고 넓은 집에서
둘마저도
요즘은 따로 잔다
고양이 자장가나 부르다가
스마트 폰을 만지작거리다가
잊혀가는 추억을
애써 떠 올려 보다가
마음속 이름들 세어 보다
눈 감아 본다
빗소리에 젖어 들고
바람 소리에 나부끼면서도 잔다
아니 잠들어야 한다
슈베르트 자장가가 생각나고
어릴 때 무겁다고 징징거리며
나를 업어주던 누나와
오래전 내 곁을 떠나가신
엄마가 그리운 밤이다

살살이 꽃

가냘프고 여리지만
순수하고 따뜻한 향기로
흔들릴 때면
소리 없는 포근함이 그대로 묻어나는 꽃

바람을 흔드는 잎새
가만가만 빗소리에 꽃잎 새기면서
밤새 잠 못 이루다 점점 길어진 목

세상도 조용히 숨죽여 주는 밤이면
스마트 폰 속에 감춰놓고
남몰래 혼자
슬그머니 꺼내보고 싶은 꽃

수전증

근시가 손으로 왔다
손금이 흐려지고
방향을 잃은 초점이 오락가락한다

바람 한 줄이 없어도
절로 흔들리는 다섯 손가락
밥상에서 애써 젓지 않아도
이것저것 아랑곳하지 않고
잘도 섞인다

그래, 오늘 점심은
눈으로 먹는 비빔밥이다

로또와 첫사랑

그녀와 나 사이에는
자잘한 상처들이 많다
가벼운 한마디 말로 시작해서
서로 가슴에 못을 박아준다

한때 내 인생의 희망이었고, 로또였는데
살아보니 그 꿈이 조금씩 금이 가고
균열이 나기 시작했다
서로 생각이 안 맞아
한바탕 하고 나면
할퀴고 멍든 자리를
물끄러미 바라보다가 잠이 들곤한다

그때 정말 운이 좋았다고 해야 할까
그녀를 처음 본 순간 서로 경쟁이 붙었다
나는 무려 3대 1의 경쟁을 물리치고
로또에 당첨되었다

그녀와 잘살아 보겠다고 맹세한 지가
엊그제 같은데
지금 이렇게 웃고 있으니 말이다

나하고는 너무 안 맞는
첫사랑 로또, 금숙이
아무리 맞춰보려고 머리를 쥐어짜도
한 번도 맞은 적이 없다
첫사랑 금숙이는
내 인생의 로또가 틀림없다

두 얼굴

고장 난 벽시계를 처분하고
새것으로 하나 장만했다
벽에 못을 박고 시계를 거는데
아무리 봐도 똑바로인지
비뚤어졌는지 분간이 안 된다
회사에서 돌아온 딸이
시계가 비뚤어져 있단다

한쪽 눈을 다쳐
짝눈으로 살아온 지 삼십 년이 흘렀다
병원도 명의도 수없이 찾아다녔으나
모두 헛수고였다
보이는 만큼만 보고 살라는
하늘의 뜻인지도 모르겠다
머리는 기억력이 떨어지고
목과 허리는 문득 휘어지고
멍들어 가던 가슴에는 금이 간 지 오래다

내 가슴에 못질 하고서야
벽시계를 똑바로 걸 수 있었다

안방에 걸린 거울을 보는데
한쪽 눈으로 본 얼굴은
윤곽이 뭉개져 있고
다른 한쪽 눈으로 본 얼굴은
흰머리와 주름살에 일그러져 있다

가오다시

립스틱 짙게 바르고
갈색 선글라스를 낀 그녀가
횟집에 등장한다

뷰 좋은 창가 쪽에 자리를 잡고
사장을 부른다
"여기 회 한 접시에 산낙지 추가
소주 두 병, 맥주 다섯 병이요"
흰머리, 펭귄, 양아치
갑자기 눈이 둥그레진다
"여긴 내가 살게!"
"아냐, 선배가 계산해!"
선배, 아무 말이 없자
"왜, 내가 내?"
흰머리는 아무 말 없이 앉아있고
펭귄은 조용히 입가에 미소를 띤다
양아치는 정신 줄을 안 놓으려고

의자를 잡아당긴다
낙지 한 마리에 소맥 석 잔을 마셔버린 그녀는
식탁을 탁탁 치며 혼자 떠들다가
취기가 오르는 듯
말도 없이 사라졌다
가만히 있던 펭귄이 한마디 한다
자 이제 한 번 때려 볼까나
학처럼 고고한 성품을 지닌 그녀가
졸지에 횟감이 되어
자근자근 씹히고 있다
소주 한 잔 마시고
초장 듬뿍 찍어 맛을 음미해 본다
씹으면 씹을수록 달콤하고 고소하다
지금, 이 순간에도
그녀의 아찔한 가오다시는
계속되고 있다

   * 가오다시(ガオダシ) : 우리말로 얼굴(顔) 혹은 체면이라는 뜻

김정기

sil5541@daum.net

시작 노트

지금쯤 내 고향 오류내 마을 저녁 하늘에
별이 흐르고 있겠다
달맞이꽃 향기 어둑어둑 저물어 가는
들길에 서서 아버지를 기다리는 소년이
아직도 그 별을 헤아리고 있겠다

---

* 인천광역시 강화 출생. 〈다시올문학〉 신인상 시 부문 신인상. 〈문예바다〉
공모전 시 부문 당선. 공저 『생의 방법론』 외 다수

안개 마을

내 고향 강화 가는 날은
마음 한쪽에 풍선이 매달린다
구름송이에 숨어 살다가
가만히 내 몸에 흘러 내려와
발길을 막아서는 안개꽃 마을
자동차 바퀴가 거북이 발이 되고
발길은 눈을 크게 뜨고 사방을 휘저어도
나는 그대로 안개꽃이 된다
고향 오류내는 안개꽃이 피어나도
눈 감고도 걸을 수 있지만
날마다 부대끼는 서울살이는
눈 부릅뜨고 내일과 오늘을 봐도
햇살에 안개가 숨어있고
안갯속에 햇살이 숨어 산다
더듬거리며, 꿈속 천년을 살아야 한다
햇살이 내 발등에 빛 길을
환하게 열어줄 때, 그 순간까지

돌의 여행

어제저녁, 풀숲에 숨어 살던 돌을
한강에 던지고 왔다
낯선 손아귀에 잡힌 돌은
하늘을 몇 발 날아가더니
강물을 사뿐사뿐 뛰어갔다

끝내 건너지 못하고
솔향기와 뻐꾸기 소리
햇살의 노래 들리지 않는
아득한 밑바닥으로 잠겨 들었다

강물이 들려주는 옹달샘의 비밀과
물고기들의 전설을 머금고
물살은
돌 몸을 흔들며 걷게 한다

바다까지 만년이 걸려도 좋다고
돌은 속으로 말했을 것이다

휴게소

지상에서 제일 빠르다는 치타를
겨우 따면 잡아가면서
육지 속 섬이 된 충주호를 향해 달려간다
치타를 따돌리며 달리는 먹구름
느닷없이 왈칵 쏟아붓는 소나기에 발이 묶이고
천둥 울음 번갯불에 타드는 마음
도리없이 휴게소에 들어가
젖은 몸 말린다
눈 부릅뜨고 앞만 보고 달려온
얼룩진 시간들,
내 몸 어딘가에 남아 있는
치타의 근성을
아메리카노 한 잔으로 달래본다
휴게소 처마 밑에 기대어
입으로 얼기설기 지어 올린 제비집
제비들은 벌써 산맥과 충주호를
저공비행으로 한 바퀴 돌며

먹구름 신호를 던져 준다
새끼들의 밥 타령은
소나기 울음보다 시끄럽고도 아름답다
저 일가족의 쉼표 꽤나 길다

주린 배 움켜쥐고

사마귀가 수련이 되겠다고
꿈꾸고 있을 때
호랑나비는 꿀을 먹어야 하겠다고
작정했다
가부좌를 튼 사마귀 눈에 피어난
하얀 두려움
수련을 낳고 움켜쥔
연못의 시퍼런 눈길을 외면한 채
떨리는 호흡으로
몇 시간째 기다린다
바람의 등을 타고 올라와
수련 꽃잎에 얼쩡거리는 호랑나비,
꿀맛으로 하루를 날갯짓하려고
높이 쳐든 사마귀 두 발톱 아래서
눈과 귀는 이미 꿀샘에 잠겼고
입안엔 온통 달달한 별들이
춤추는 오후였다

사마귀의 허기진 초승달 배가
부푼 보름달 배로 차오를 무렵
한 끼의 꿀맛과 함께 꺾어 버린
호랑나비의 내일
허공을 찢는 춤사위

참깨 열다섯 되

건강검진 받으러 가는 길에
어머니는 자꾸만 텃밭을 돌아보신다
다 자란 자식 물가에 보내놓고
동동거리는 어머니 굽은 등에서
햇살 한 줌이 부스러진다

둘째 누나와 구순의 시어머니는
사돈집 마당에서
나란히 웅크리고 앉아
어머니가 베어놓은 참깨를 턴다

파란 보자기에서 참깨들이
햇살을 뱉어놓으며 팔짝팔짝 튄다
그물에 걸려 나온 숭어 떼처럼
참깨들이 지느러미치고
뒷산에 걸려 있던 구름송이도
햇살을 쏟아놓는다

참깨 열다섯 되와 늦가을 햇살이
보자기에서 점프한다

흰색 나이

도장만 안 찍었을 뿐
아내와 나는 벌써 합의했다
오래전부터 아내 머리에 흰서리가 내려와
기둥을 세우고 지붕을 덮으며 한 채의 집을
지어 올렸다
내 머리에도 천천히 진눈깨비가 날려오는데
아내와 나는 지붕에 페인트는 칠하지 말자고
서로를 위로했다
약속을 깰까, 말까, 속마음을 꺼냈더니
아내는 펄쩍 뛰며 흰머리는 감출 수 있어도
늘어나는 주름살과 목소리는 무엇으로
페인트칠할 거냐고
잔소리다
그래 마음은 언제나 이제 막 피어나는
봄날,
잠시 묻어두었던 꿈들이 흰색 나이의 껍데기를 깨고
하늘 보고 땅을 볼 때,

아내와 나란히 걸어가다가
연극 한 편을 관람하고
서로의 마음에 진주 목걸이를 걸어준다

붓

수백 갈래 금이 간 사이로
입 벌리고 먹물을 마신다
온몸에 검은 불을 켜면
속에서 끓는 피마저 어둡다
땅을 박차고 하늘로 날아올라
맑은 맨살 위에 피어나는
저녁 어스름 가운데 어둠을 찍는다
그 검은 어스름이 만들어내는
콩알만 한 생각들이 책장 속에서
밤낮으로 꿈을 먹고 산다
누군가의 손길이 닿는 순간
비둘기의 날개로 날아올라
이리저리 흔들리는 마음에
한지처럼 스며 들어가
나를 검은 먹구름으로 흐르게 한다

함선미

3343525@naver.com

시작 노트

헤어지지 않았으니 연인일까?
이별의 뚜껑을 열지 않은 침묵 속에
우리는 가만히 마주하고 있다
놓아버리지 못하는 인연처럼
나는 너를 중얼거리고 있을 뿐이다
과감하게
이제 '시를 쓰지 못하는 사람'이라고
고백해야지

* 〈시로 여는 세상〉 신인상. 『유마의 방』 외 공저 다수. 아토포스문학 동인, 예도시 동인

빛과 어둠의 위험한 입맞춤

비릿한 흙냄새와
그 남자의 차량 색을 닮은 진한 회색 하늘은
아날로그 전화벨 소리로 얘기 중이다

타이머 작동을 해 둔 것이었을까

한참을 지지직거리며
입맞춤하던 빗소리가 멈추고
세상이 고요해지자
가지에 남은 소음마저 털어낸다

나무는,
우리를 못 본 척하거나
잠시 눈멀기를 기도하는 중이었을까

그와 앉았던 자리 마른 그늘이 젖는다

이별 주문서

넌 늘 속삭이곤 했지

이제는 더 이상 기다리지 마
웃음은 애써 참지 말고

그럼, 눈물은 어떻게 처리해
그건 처음부터 만들지도 말아야지
버릴 곳이 마땅하지 않은 슬픔은
너무 무거워서 들고 있기도 힘들어

주문서에 배송지를 입력한다
마음 깊은 곳에 정확히 배달될 수 있도록
번지와 층수까지 꼼꼼히 적는다

배송조회를 해 본다
지금은 상품 준비 중
곧 배송 시작
저만치 수령 확인이 반짝거린다

나는 그녀를 썸녀라고 불렀다

집 앞 스터디카페에서 만난
키가 170cm 넘는 그녀
텀블러를 책상 위에 올려놓고
자리에는 없었다

어느 날 내가 독서실에 들어섰을 때도
여전히 텀블러가 그녀 자리를 지키고
복숭아 맛 젤리가 내 책상 위에 있었다

독서실은 자정까지지만
나는 그 시간까지 있어 본 적이 없고
그녀는 나보다 먼저 일어나 가 본 적이 없다

희미한 기억 속 어느 날,
떨어진 볼펜을 주워 주기는커녕
되려 자기를 째려봤다며
열 번은 넘도록 나를 향해

재수 없다고 볼멘소리를 던졌다

심각한 언쟁이 오간 첫인사
그러다 서로 사이도 트게 되어
삼각김밥과 캔맥주로 수다를 할 즈음
나는 더 이상 공부를 하지 않게 되었다

그녀는 지금 누구와 썸타고 있을까?

친구의 친구 이야기

친구가 내게 비밀을 말해 주었어
대신 절대 아무에게도 말하지 말라는 거야

2년이나 사귄 애인이
바람을 피웠대
그런데 그 상대가 자기의 친한 친구라는 거야
김건모의 '잘못된 만남'과 같은 거지

내 친구의 친구가 훨씬 잘생기고
능력도 좋은데
별 볼 일 없는 친구와 바람이 난 거래

나는 그랬지
그럴 리가 있냐
사람은 다 보는 눈이 있는데
지금 사귀는 남자보다 더 나으니
노선을 바꾸었겠지, 라고

근데 내 친구가 막 화를 내면서
그런 건 절대 아니라고
그 여자 눈이 돌아서 그런 거라고
닭똥 같은 눈물을 뚝뚝 흘리는 거야

나는 뭔가 이상해서
연애도 의리인데
그 여자 나쁘네, 아주 나쁘네, 하면서
그의 등을 토닥였지

내 친구는 갑자기 화를 내며
자기 얘기 아니라면서
후다닥 가버리더라구
뒤도 돌아보지 않고

가만 있으라*

주말 오후에 장보러 마트에 갔어
각각 색을 자랑하는 싱싱한 채소들이
손님을 유혹하고 있잖아
호객하는 판매원 지친 웃음에도
생기를 넣을 정도로 싱그러운
야채코너를 반 바퀴 돌아
프라이팬에 소시지를 익혀 주는
시식 코너로 들어섰는데
젊은 엄마와 서너 살 된 딸아이가
씨름 아닌 밀당을 하는 중이었어
아이는 마트 바닥에 이쁘게 앉아
얌얌, 주세요. 얌전히 앉았잖아요
초록색 이쑤시개에 꽂힌 소시지 조각을 보며
엄마에게 조르는 거야
더러우니 어서 일어서라 다그쳐도
아이는 여전히, 얌얌은
앉아서 먹는 거라고 고집을 피웠지

앉아야 간식을 받았던 하루들이 모여
강박 된 꼬마
난 웃픈 그 장면에서 어느 사월이 떠올랐어

일어나,
어서 움직여,
가만히 있지만 말고

    * 이승환의 세월호 추모곡

한상림

hsr59@daum.net

시작 노트

구름 위를 날아보면 압니다
구름이 날아가는 속도와 방향이 서로
다르다는 것을,
구름도 구름끼리 손잡고 친구가 되어
가만히 떠 있는가 하면
제트기처럼 빠르게 어디론가 날아간다는
것을,

* 호, 이규(理奎). 시인, 칼럼니스트, 청양문학상 대상. 시집 『따뜻한 쉼표』 『종이 물고기』 칼럼집 『섬으로 사는 사람들』 한국문인협회, 중앙대학교 문인회, 한국디지털문협, 강동문협, 한국예총 전문위원, 대통령 훈장, 강동구민 대상. 서대문자치신문 칼럼 연재 중. (현)강동구 작은 도서관 글쓰기 강사

구름의 셈법

구름이 계산하는 공식은 오로지 방향이다
유빙으로 쓸려가는 얼음산은 구름이 만든 방향의 산물,
서로 다른 공법으로 색깔과 무게와 크기를 풀면서 떠돈다
들길 건너 봉우리 근처에 머뭇거릴 때도
한 방향으로만 흐른다

막다른 주점 골목, 강동 사거리도, 사막의 모래언덕에도
위 아래층 겹겹이 쌓이는 구름의 층들,
구름과 구름 사이에도 긴 다리가 있어
멍하니 떠 있어 보여도 비행기보다 빠르다

제 갈 길 묵묵히 떠다니는 구름의 방향에
속도를 더하거나 빼거나 푸념하지 않는 것은
구름에는 신분이 없기 때문이다

하늘은 구름의 속도를 다르게 측정한다
때때로 먹구름 심술부리면 천둥 번개 밀어내고

스스로 제 몸 비워낸다

무겁다거나 가볍다고 투정하거나 시샘하지 않고
각자 가고자 하는 방향으로만 묵묵히 흐르는 구름에
0을 곱하면 0이 되고, 100을 곱해도 0이 된다

구름칼을 아무리 휘둘러봐도
허공이 깨지거나 어긋나지 않는 것은
오로지 늙어가는 것과 죽음을 두려워하지 않는
구름만의 치밀한 셈법 때문이다

달의 뒷면

나는 달의 앞면에서 태어났죠
어린 날 보름달은 축구공으로 날아오르고
밤하늘을 구르는 달이
지구만큼 커지는 꿈을 꾸었어요
제 몸을 마음껏 부풀렸다가 깎아내는 무수한 달들이
그다지 새롭진 않았지만
그믐달 차오른 저녁 하늘 아래서는
괜히 눈시울 붉어지고
금 간 가슴이 조마조마했지요
때때로 앞면만을 해바라기하는 달이
할퀴고 물어뜯긴 생채기를 선명하게 보여 주었어요
상처를 지우겠다고 계수나무를 심고
토끼를 그려 놓았지만
아무리 덧칠해도 흔적은 지워지지 않았어요
달의 뒷면이 궁금해진 이유는 모르지만,
뒷면에도 새끼 늑대 두 마리를 그려 넣고 들여다보곤 했어요
새벽 달빛 어스름 돌아눕는 날에는

달의 뒷면에서 목울대 부러지도록
새끼 늑대가 어미를 부르며 울부짖었지요
저 달이 사라질까 봐
기울어가는 달을 반듯하게 세워보려 했어요
비릿한 희열이 소용돌이 속으로 빨려 들어가는 블랙홀,
그곳은 아무도 빠져나올 수 없는 달의 뒷면이지만요
달의 앞면에서는 주름이 잡히지 않는다는 것과
죽어서 다시 돌아갈 곳이 달의 앞면이라는 것을,
주름살 늘어가는 내 얼굴을 바라보면서 깨달았어요
이제는 달의 앞면만 바라보고 살래요

디지털 감옥에서 주소 찾기

내비게이션을 켜고 달려봐요
사람의 시간을 클릭클릭 갉아 먹고 사는 집
세계 지도에도 나오지 않는 길을 뒤적이면
사방이 멍하니 열려있는 문을 만나요
문패를 따라가다 보면
미로 어딘가로 끌려가는 길
길잃은 마음이 송두리째 덜미 잡히고 말아요
서쪽 하늘에 차오르는 저 별들도 갇히나요
이름도 얼굴도 모르는 사람들이 던져주는 사료를 깨물고
인스턴트 웃음 허공에 날려 보내면서
때때로 별똥별 곤두박질치는 꿈을 꾸기도 해요
깊어 가는 겨울,
앙상한 사랑도 중고 시장에서 사고팔아요
창문도 불빛도 달아 놓지 않은 방
요즘 다들 그렇게 살아요
느닷없이 문을 닫으면 세상이 발칵 뒤집히고
누군가는 세상을 끊어놓은 감옥이 지루해서

차라리 목숨을 버리기도 해요
그렇게 사는 일이 지겨우면
한 번쯤 오감을 잃어보는 건 어때요
오감 대신 불가능을 절대 가능으로 바꿈질해 주는 꿈,
꿈을 처방할 수 있는 명의나 묘약 같은 따위는 없대요
더 이상 미로에서 꼼짝하지 마세요
혹시 알아요?
운 좋으면 누가 해독제를 보내올지도…
전자우편함을 열어놓고 잠자코 기다려 봐요

하늘 물고기

빗방울 쏟아지고 하늘길이 열렸다
된바람이 먹구름 옆구리를 끌어당겼다 놓은 자리에
물고기들은 다시 빗방울을 향해 거슬러 오른다
검은 하늘로 지느러미 치며 날아오른 물고기들,
구름송이 파낸 자리에 기둥도 지붕도 없는 둥지를 튼다
깊푸른 구름 위에 알을 낳아 비늘옷 갈아입히며
구름 새끼들 거느린 어미는
무지개다리 건너 지상으로
다시 빗방울 되어 돌아온다
길바닥에도
지붕에도
자동차 위에도
나, 돌아왔다고
여기, 다시 살아남아야겠다고
빗소리로 노래하면서
웅얼웅얼 웅덩이를 찾는다
세상의 모든 엄마가 엄마의 몸에서 나왔듯

하늘과 땅은 처음부터 한 몸이었다
어쩌면 물고기 고향은 하늘이 아니라
처음부터 땅이었는지 모른다
하늘 호수에서 내려온 구름의 고향은
물고기를 보면 알 수 있다

천장과 바닥 사이

표지의 앞면과 뒷면은 천장과 바닥이다
펼치면 드라마, 덮으면 책이 되는 고층 아파트
첫 문장에서 바닥으로 이어지는 글자들은
그대로 살아 있는 대본이다
집 나간 아들은 한 페이지가 찢겨나간 책,
무관심으로 어지러운 세상에서
층을 만들고 있는 사람들은 엇비슷하거나
전혀 다른 삶의 드라마를 쓴다
아침에 읽다가 접어둔 소설을 펼치거나 신문을 들면
리모컨이 작가가 되고 화면은 그대로 연출자다
대사가 빠져나간 헐렁한 거실
방마다 벌어지는 사건은 미궁 속이다
위층 바닥에 쓴 대본이 아래층 천장에 매달리고
아래층 바닥에 누운 대본이 다음 층 천장에 매달려 있어서
가끔 천장에서 내딛는 배우의 한숨 소리가 바닥을 치면
가십거리도 심심찮게 받아쓰기한다
천장과 바닥, 그 사이에서

각기 다른 삶을 써 내려가는 너와 나, 우리는
처음부터 드라마 작가였다
따라서 바닥의 다른 이름은 천장이다

하늘 무덤

산에 무덤이 많은 건
나무와 새와 꽃이 숲에서 태어나
숲에 묻히기 때문이다

강과 바다에도 무덤이 많다
갖가지 돌멩이는 강의 무덤이고
크고 작은 파도는 바다의 무덤이다

그러나 허공에는 무덤이 없다
그것은 한곳에 오랫동안 머물지 못하고
흩어졌다 몰려오는 먹구름이
한바탕 소나기를 뿌린 후
띄워놓은 무지개 때문이다

무지개 너머 하늘가에
사람꽃이 활짝 피어 있다

헛방

억지로 끼워 맞추려고 해도 각이 어긋나는 세상에서
기막히게 맞아떨어지는 우연의 순간도 있다

A가 버스 정류장에 주차하고 편의점으로 급히 들어갔다
B가 비틀걸음으로 차 앞에서 휴대폰으로 전화를 건다
C가 황급히 뛰어와 정차 중인 승용차 운전석에 탄다
B가 뒷좌석으로 앉으며, 압구정 진로마트 앞으로 가자 한다

"이게 뭐야, 언놈이 먹다 놔둔 닭꼬치가 왜 여기 있어?"
B가 투덜대면서 닭꼬치를 바닥에 내던진다

그때 A가 편의점에서 나와 사라진 차를 찾는다
저만치 굴러가고 있는 자기 차를 보고
급히 뛰어가 문을 세게 두드린다

"당신, 뭐야? 지금 왜 내 차를 훔쳐 탄 거야?
당장 나오지 못해! 경찰에 신고할 거야"

A가 화를 내며 C를 끌어낸다

상황 파악 안 된 B가
"아니, 이 양반들 지금 뭔 소리를 하는 거야?
빨리 압구정동 우리 집으로 가지 않고 왜 쌈박질야."

그때 뒷좌석 앉은 B를 발견한 A
"넌 뭐야 당장 꺼져…"

불빛이 흔들리고, 혀도 덩달아 꼬이는 B의 말에
상황 파악이 안 된 C와 A 두 남자가 서로 멱살 잡고 실랑이다
화가 난 A, 경찰을 부르려고 하는 찰나

"이건 내가 부른 택시인데, 시방 느그들
뭔 개 같은 소리를 하는 것이여?"
B가 퍽퍽 소릴 내지른다

"아니, 나는 대리기사인데, 택시라니요?
당신이 대리기사를 호출했잖아"
C가 항의한다

"뭐라고? 내는 택시를 불렀는데, 와 대리가 온 겨?
절대로 대리를 부른 게 아니고, 택시를 불렀다니까"
B의 혀가 더 꼬인다

어긋난 상황이 절묘하게 맞아떨어진 순간
세 남자의 헛웃음이 도심의 불빛 속으로 흩어진다

기막힌 헛방이다

소나기 유전자

먹구름의 길은 직선이다
울음을 안으로 한껏 휘어 감고 있다가
다급하게 쏟아붓고 달아나는 소나기
그 빗방울에 화들짝 놀라 소스라치는 나뭇잎과 꽃송이들,
덩달아 강물이 속도를 높이고
물방울이 강줄기 만들어 사방으로 흩어지면서
물풀이 쓸려나간다
거센 빗줄기에 한쪽 세상이 웃고
또 다른 한쪽은 차오르는 눈물을 억누른다
불공평한 세상에서조차 공평하지 못한 웃음들,
가볍게 올라가는 저 비웃음도 웃음비가 되거나
끝내 울음비가 된다
수축과 팽창 사이를 오르내리며 냉기로 달궈놓은 세상,
폭염주의보에 익숙해진 폭발 직전 누군가
축 늘어진 어깨로 세상을 원망하고 있을 즈음
물의 분자에서 수소 원자 1을 떼어내고
산소 원자 1개를 떼어낸 후

남은 수소 원자 하나를 하늘로 날려 보낸다
분노에 찬 사람들에게 웃음을 안겨 주기 위해
하나둘씩 허공으로 빛을 모아
지상과 하늘에 쌍무지개 다리를 세워 놓는 거다
한바탕 쏟아내고 나면 금세 약해지는 성질 급한 빗줄기,
그 소나기의 유전자는 처음부터 물이 아니라
어지러운 세상을 향한
호탕한 웃음이거나 싱그런 웃음이다

이헌영

lhy1006kr@daum.net

시작 노트

부족해도 뻔하지 않은
그래서 시인 냄새가 없는
언제까지라도 성장기에
머물러있는

---

* 한국예총 〈예술세계〉 신인상(소설). 이헌영패션 대표. 아이디어 장편소설
『한 생각』. 장편소설『은미야. 노래해 괜찮아!』『남북통일』
예술시대작가회 회원

5월의 각연사

칠보산 각연사
샴쌍둥이 보리수나무는
시샘하듯 맞서 수행 중이고

연두를 머금은
하얗고 푸른 5월 수국도
옹골동골 모여 수행 중이고

스님은 보이지 않아도
계곡에 번져가는 염불 소리에
일곱 겹 칠보산도 수행 중이라네

내 꿈속 각연사는 늘 5월이더라

아내의 노래

노래가 좋아서
가수를 꿈꾸며
늘 노래를 부르는 여자였답니다
부엌일을 하면서도
알밤을 주우면서도
뒷동산 버섯을 따면서도
노래를 부르고, 부르고 또 불렀답니다

"내 놀던 옛 동산에 오늘 와 다시 서니…"

밥상머리에서 노래 부르다
아버지에게 핀잔도 받았답니다
박자나 음정이 어땠는지는 몰라도
감정은 충만했을 겁니다
제멋에 한껏 겨워
흐드러지도록 불렀을 겁니다

가수가 못된 아내는 그 시절이 그립답니다

우두커니

내가 나인지도 모르고
태어난 내가
언제였는지도 모르겠는데
누가 뭐래도 내 길을 가겠다고
결심했었나 봐
기억은 없어

내 길이라고 믿은 그 길을
쭉 걸어갔어
황금과 빨간 맛에 미쳐서
길을 잃고 헤맨 적도 있었지만
다시 길을 찾아 꿋꿋하게 걸어갔어
걷고, 걷고 또 걸어
지금 바로 여기까지 왔는데

갑자기 길이 사라진 거야
까마득한 절벽 끝

돌아갈 길도 사라지고
아! 이런!
어떡하지? 어떡하지?
으음! 으음! 하다가
에라! 그냥 뛰어내릴까? 했지
못했어!
그냥 하염없이 서 있어
우두커니!
우두커니 말이야

청명한 날

어제 결판났다

3년 동안 끙끙거리던 일
얽히고설킨 데다가
세 타래쯤 더 얽힌 듯했던 일
어이없고 추잡해서
이것만은 지기 싫던 일

우거진 숲길을 헤치고
계곡을 더듬어
더 깊고 높은 계곡으로
여심 바위 사이에 하얗게 날이 선
직탕 폭포 앞에 마주 섰다

창자를 비틀어 속엣것을 끌어올려
원 없이 토했다
추잡함도 지겨움도

미움조차도 폭포수에 흘려보냈다

홀가분해져 하늘을 본다
보랏빛을 머금은 파란 하늘이 끝이 없다

그때

그때 우리는 그 골목에서 돌아섰어야 했습니다
그때 우리는 찻집을 들어가지 않았어야 했습니다
그때 우리는 문학 얘기를 나누지 않았어야 했습니다

그중 하나라도 하지 않았더라면

서로에게 상처를 줄 일이 없었을 테고
서로에게 죄책감도 들지 않았을 텐데

그나마 다행인 것은,
우리는 헤어지면서
다음을 기약하지 않았다는 겁니다

신경철

skcpro01@kakao.com

시작 노트

문득 저녁 하늘을 바라봅니다
달이 내 속을 말그랗게 내려다보며
묻습니다

어디 가시게?

부끄러운 마음에
발이 떨어지지 않습니다

* 한국예총 〈예술세계〉 시 부문 신인상. 나마스떼코리아 히말라야문학상 수상
예술시대작가회 회원, 아토포스문학 동인, 시산문학작가회 회원

장마 틈새

열어놓은 창문 사이로
후드득, 뒤통수 때리고 달아나는 빗소리
곰곰 헤아려 들어보면
불어난 물에 떠내려가는 아버지 한숨이
철철 윗배미 논으로 흐른다
천정에서 떨어지는 빗방울은
그냥 그러려니 한다지만
처마에 앉아서도 마음은 논두렁에 가 있다
목수건으로 곰삭은 땀방울 훔치시며
작년에도 윗배미 논 틈새가 터져 버렸잖여
황토가 또 덮쳐 버리믄 안 되는디
부서지는 빗방울이
아버지 가슴속으로 들이친다
빗줄기 멀리 지나가길 기다리는
안달 난 아버지 마음 아는지 마는지
후다닥 후다닥,
장마는 제 갈 길 묵묵히 가고 있다
큰 놈 학비 대야 하는디

혼자가 되는 이유

이쪽과 저쪽으로 길을
나누어 들고
덩그러니 외톨이가 되어보니 알겠더라

처음 만나는 길
돌아가지도 생략할 수도 없는
길이라면
어차피 지름길이 없다

비로소 철이 든다는 것
가을 땡볕 아래 어쩔 수 없이 감이 익어가듯
맨땅에 주저앉아서
제 속살 온전히 드러낼 때까지
농익은 무른 이별을 견뎌야 하는 거다

시로 지은 옷

화가 날 때
봄볕에 타오르는 마음
다독이면서
싹으로 올라오는 노랫말

슬프고 외로운 날
무거운 어깨 내려놓고 싶은 마음일 때
개나리꽃 같은 시를 짓는다

기쁘고 즐거울 때
함께 웃어주는
붉은 장미를 노래하고

사랑할 때
순수하고 아름다운
보랏빛 노을로 시를 짓는다

시로 지은 옷을 차려입을 때
마음도 맵시가 난다
가슴도 바다가 된다

거북목

사람들은 자기 목에
거북이 한 마리씩 달고 다닌다

물 한 방울 젖지 않고도
바닷속 거북이도 문어도
손에 들려진다

얼굴을 높이 들고
눈동자를 멀리 던지지 않아도
손바닥에
별이 뜨고, 달이 차오른다

가을 생각

깊어 가는 가을 오후
혼자 창문을 열고
긴 호흡으로 느껴보려 해
잎새 하나하나가 어떻게 물들어 가는지
어떻게 제 몸을 가볍게 비워 가는지 물어보려 해

생겨나면 언젠가는
스러지게 마련이지만
가지 끝에 안간힘으로 매달려 있는
홍시 한 개
세상에 다녀간 이유를 남기고 싶은 미련은
또 뭘까

사랑하는 사람들과 어울려 나누고
오늘 밤 미소 지으며 잠들 수 있다면 좋겠어
영영 내일이 찾아오는 일 없더라도
손가락 사이로 바래지는 가을빛처럼
자유로울 수 있게 말이야

신경주역

허허벌판에 세워진 신경주역에서
막차를 기다린다

밤하늘에 감도는 별빛과
어둠 속에 서 있는 역사의 불빛이
내 마음을 꼭 닮았다

기대를 품고 도착했다가
허무함을 안고 떠나가는 실낱같은 만남과
언젠가는 헤어져야 하는 필연

삶의 종착역이
화려한들 초라한들 무슨 의미 있겠는가

우리는 이름 모를 어느 별에서 와서
알 수 없는 미지의 세계로 떠나게 되는
어둠 속 나그네인걸

억겁의 공전 속에서도
밤하늘 촘촘한 별빛은 그대로인데
그 옛날,
신라의 경주 어느 마을에서 본 듯한
낯익은 별빛들

이필영

wintree1@hanmail.net

시작 노트

시는 영혼을 순수하고 아름답게 해준다는데,
또 다른 고통을 안겨 주는 건 아닐까,
내 안에 시가 들어앉을 자리가 있어야 하는데,
아직 그 자리가 비좁은 듯하다
올가을에는 나뭇가지 사이를 비집고 들어오는 햇살,
그 햇살에 나뭇잎 물들어 가는 소리,
들풀을 돌아 눕히며 멀어지는 저녁 바람 소리에도 귀 기울여 봐야겠다 그래서 더 맑고 순수하고 아름다운 영혼을 다듬어야겠다

* T.S 엘리엇상 현대시 부문 수상, 전) 충의문학제 백일장 심사위원, 공저 『생의 방법론』 외 다수, 한국문인협회 회원, 현) 고등학교 교사

어떤 선택

손과 마음이 따로 논다
마음은 밀어내려 하고
손은 끌어모으려 든다
손에 잡히는 이것을 선택하려면
당장 어느 한쪽을 버리거나
까맣게 잊어야 한다

종일 사방을 뒤적거리며
들고 온 것들을
먹거리 수집상처럼 책상 위에 쏟아놓으면
총칼 없는 전쟁터가 된다
오른손으로 쌓아 놓은 군량미를
왼손이 걷어냈는데, 나도 모르는 사이
눈치 없는 오른손이 다시 차려놓는다

어느 손은 습관처럼 노트북을 열고
스마트폰을 켜고

또 다른 손에는 토스트가 들려있다
누가 아군이고, 적군일까,
잠깐 생각할 틈도 안 주고
아메리카노가 염치없이 옆구리에 끼어들고
눈치 없는 탄산수가
지금 막, 목을 넘어가고 있다

이런 순간에는
마음에도 손이 있지 싶다

다이어트 전술

케이크와 사탕은
뼛속까지 간신인 줄 알면서도
깜빡 속는다

내 몸의 영토를 지켜보겠다고
위장술이 뛰어난 토마토와 사과를
용병으로 고용했다
고기와는 적당히 친교를 맺었고
현미와 쑥, 양파와 파프리카는 즐겨찾기 목록에
걸어두고 가까이 지내기로 한다

주말 휘트니스 훈련소에 가서
트레드밀로 자유로운 고문을 당해보고
덤으로 덤벨까지 들어주고 나면
전술에 자신감이 붙는다

한강 둘레길을 달리고

계양산을 오르내리며 쏟아놓은 땀방울은
그대로 뱃살의 공격수들이다

인생기록부

컴퓨터 앞에서 하루 4시간
아이들이 걸어가야 하는 미래를 쓴다
아무렇게나 웃자란 숲에
가지런하게 오솔길을 내어주듯
불필요한 부분을 깎아내는
미켈란젤로의 조각 작품처럼
썼다가 지우고 단정하게 다듬어 가면서
글을 쓴다

내가 써 내려간 글의 순서대로
아이들이 따라 걸어 나간다고 생각하면
글이 곧 한 사람의 방향을 가리키는 나침반이고
오타와 오류는
사막에 엉뚱한 샛길을 만든다
이따금 저녁 뉴스를 씁쓸하게 장식할 때도
여전히 나는 아이들이 내어준 밀린 숙제처럼
오솔길 하나를 살살 어루만지며
글을 쓰고 있다

중독

골반이 틀어지면서
가끔 허리가 중심을 잃는다

그런 날은 누워서 중심을 찾는다
눈앞이 아득하게 멀어지고
손가락 힘이 빠지도록 핸드폰을 뒤적이며
어딘가에 숨어 있는 중심을 검색한다
그리고
누운 채 핸드폰을 손에 들고 벌을 선다

어쩌지?

1.

나뭇가지에 남은 상흔에는 잎사귀의 안간힘이 있다 가을바람 선선하게 불어오면 낭만이나 추억이 아니라, '어쩌지?'가 먼저 떠오른다 누구는 땅 기운 받고 살겠다며 정남향에 터 잡아 집을 지어 올리고, 다른 누구는 넓은 마당에 무릉도원을 만들어 보겠다는데, 가을 잎사귀에게는 그냥 먼 나라 꿈속의 일이다 반지름 0.00001mm도 안 되는 곳에 바짝 붙어서 햇살 구경은커녕 그저 비바람이나 피해 보려고 하지만, 입에서 '어쩌지?'가 새어 나온다

2

가을은 열매가 제 집 비우고 먼 길 떠나는 계절, 바람이 깊어질수록 열매가 가는 길은 멀어지고, 밤새 뒤척이며 '어쩌지? 어쩌지?'를 노래하다가 잠이 들곤 한다 잎사귀 같은 누구는 어딘가에 따뜻하게 뿌리 내리고 살아남아야겠는데, 서릿발에 익어가는 몸, 뼛속까지 저려 오는 칼바람에 '어쩌지? 어쩌지?'

동동 발 구른다 다른 누구는 온수를 써보겠다고 바우처를 신청했는데, '어쩌지?' 대상이 안된단다 아름다운 가게, 당근마켓 나눔 이불 한 벌 구해야 하는데, '어쩌지?'만 자꾸 떠오른다 빈 가지에서 이 악물고 버티고 있던 잎사귀 한 장이 머리채를 잡아당기는 바람의 힘을 견디다가 떨어져 뒹굴었다 내 입에서 '어쩌지? 어쩌지?'가 새어 나오는 늦가을 저녁

양은진

yeji3929@hanmail.net

시작 노트

어느 심리학박사가
한 분야의 전문가가 되려면 최소 1만
시간이 필요하다는
만 시간의 법칙을 이야기했다
잘하지 못해도 그 이름으로 머무르고
싶다면 천천히
그 시간을 채워가는 것으로도
충분하다고 그렇게 해석해 본다

* 한국예총〈예술세계〉시 부문 신인상. 남원 출생. 대한 여성치과의사회 공보이사, 다도 사범. 시집『앤솔러지-시의 끈을 풀다』, 수필집『더 아파하시는 하나님』『당신 덕분에 삽니다』외 다수의 공저

커피가 당신에게

나는 당신 입술에서 설렘인가요
그리움인가요
향기만 뽑아드리겠다고
꽃망울에서 검은콩에 이르기까지
바람이 못살게 굴고
햇살이 부시게 물들여 주는 먼 길 걸어왔지
그러므로 나는
그냥 콩이 아니어야 하고,
꽃송이는 더욱 아니어야 마땅해요

당신 입술에서 쓰디쓴 바람의 향기가,
때로는 햇살 머금은 과일 향이 되어야 하니까요
사탕수수 맛으로 바꾸려 들지 마시고
구름이나 바람의 향기 그대로
입술로만 느껴 보세요

당신의 입술에서
해가 뜨고, 바람이 불고, 과육이 갈라지는
소리와 향기는 설렘이어야 하니까요
나를 바꾸려 들지 말로
있는 그대로, 향기만 받아 주세요

청바지 CEO

흑백 지면을 채우고 있는 남자
멋들어진 수염과 결연한 입술
무테안경을 뚫고 나오는 날카로운 눈빛

천적은 목을 물어뜯는다고 하는데
거무스름한 터틀넥을 고집하는
워커홀릭에게는
옷 고르는 시간도 사치라는데
운동화에 청바지는 그대로 유니폼이다

인터넷과 음악을 몰아넣고 다니는
스마트폰, 내게 가장 값나가는 애장품
완전하게 내 것이 되기에는
아직 멀고 먼 몇 개월 사이
애플은 눈치 없이 또 다른 사과를 만들고 있다
오래된 과일 떨구고
싱싱한 사과를 욕심내는 백설공주처럼

기다림 속에 스티브 잡스가 가고
또 다른 폰이 온다

바닷가 미니북

바닷가가 소란스럽다
보따리 수집상들이 서너 차례 헤집고 지나간 자리
부유물에 쓸려와 동그마니 남은 낡은 책

한 발 뒤로 빼고 있던 아이가
배배 몸 꼬면서 엄마 눈치 보다가
종이접기 책을 집어 품속에 밀어 넣는다

낡은 책등처럼 흔들리는
아이의 말간 눈동자에
표지가 제빛을 잃어가며 바래는 시간만큼이나
종이접기를 사랑했을 것이므로,
아나바닷물에 동동 떠다녀도
젖지 않은 이유가 된다

엄마가 글을 읽어주지 않아도
색종이에 빠져들었던 혼자만의 세계

종이배 접어 먼바다 건너고
비행기로 하늘 꼭대기까지 날아오르는
상상의 세계를 열어준 보물상자

종이학 접어
하늘로 날아오르려는 아이의 꿈 대신
위인전 과학책만 골라잡는 엄마가
내 아이에게 최선을 다한다고 생각하는
아이러니
아나바다 장터의 그늘을 보았다

모순의 재구성

피카소 그림을 뚫어지게 바라보았다
옆모습과 앞모습이 동시에 작동하는 기괴함
두 개인 듯 앞을 보는 눈이 하나이고
옆모습의 코에 콧구멍은 두 개인 얼굴에
눈을 뗄 수 없었다

20세기 입체파 거장 피카소의
기하학적 모순의 재구성
자유롭고 혁신적인 미적 세계에
푹 빠졌다가 돌아오는 길
햇볕 속에 잠깐 떨어지다 멈추는 빗방울
호랑이 장가 가고
여우가 시집 가는 날이란다
그렇다고 그 둘이
부부 연을 맺는 일도 아닌데
우리는 기어이 한 묶음 말놀이를 한다
아는 게 힘, 그냥 모르는 게 약

서로 배치되는 이 두 개의 문장은
어떻게 살아남아 명문名文으로 전해졌을까
모든 것을 뚫는다는 창과
어떤 창도 막을 수 있다는 방패
파블로 피카소적인 모순덩어리들이
세상엔 아직도 너무 많다

탕후루

신호등이 사람들을 가두었다가
우르르 봇물로 쏟아내는 사거리
보자기처럼 펼쳤다 접히던
깔세 전문 점포에
붉은색 요란한 간판이 들어섰다

과일의 과당에
설탕의 자당을 덧씌워 놓은
일명 '당분 폭탄'
울긋불긋 몸단장하고
과일마다 제가 왕이라며
탕탕거리는 탕후루

무설탕 음료 찾아다니던
몸매 관리족들 다 어디로 갔는지
설탕물로 코팅한 샤인머스캣
불티나게 잘도 팔려나간다

속고 속이는 세상
얼마나 많은 사탕발림이 난무했던가
쓴맛 위에
단맛을 입혀놓은 얄팍함보다
단 것 속에 또 단 것
저 솔직한 먹거리 패션에 현혹된 것은 아닌지

오늘도 탕후루 가게 앞
달달한 시간이 진액처럼 흐르고 있다

가을 낚시

나무들이
제 몸의 비늘 털어가며
갈바람을 낚고 있다
키 낮은 회양목 가지 사이로
여름날의 끝물 붙들고 내려앉는
마른 잎들의 춤사위

가을은
나뭇잎들의 조용한 수다 속에서
오래 잊고 있던 기억을 밟고
나를 낚아 올리는 계절

눈감고
내가 태어난 해부터
한 해 한 시절 손꼽아 헤아려본다
참 많은 가을날을 낚았고
또 놓아주기도 했다

짬짬이 잘라가면서 느끼던 행복들
이제부터는 그 기쁨 나누어 줄 차례
판에 박힌 모양으로 다듬던
조경 가위를 가만히 내려놓는다

이소윤

soyoon7891@daum.net

시작 노트

들고 있는 것 다 내려놓고
혼자 동그마니 앉아서 적막에 든다
저녁달이 끌고 온 빈집 거실의
맑은 그림자가
나를 빤히 올려다본다
이런 날은 대꾸하지 않아도 된다
달 그늘에 머리 묻고
슬그머니 잠이 들어도 좋다

---

* 한국예총 〈예술세계〉 수필부문 신인상
  시집 『당신만 한 사랑 어디 있나요』 『하늘 끝까지 걸어가지 않을래』 『꽃그늘에 물들더라』 장편소설 『어느 흰옷의 거짓말』 예술시대작가회 회원

꽃길

달빛 아래서
발등에 대고 말 걸어 본다
비탈길 돌부리에 멍들고
어쩌다 웅덩이에 발을 들여놓기도 했지만
걸어온 길 돌아보면
꽃 같은 시절, 수국꽃 발등에 떨어지는
꽃길이었더라

누구는 달맞이꽃처럼
잠깐 피었다가 서둘러 떠나고
기억해 주고 추억해 주겠다던 얼굴들이
흔적도 사라지고 없으니
내가 걸어온 길이 꽃길이었다고
증명해 줄 보증인도 떠나고 없다

어느 멋진 봄날의 추억은
무심하게 지나가는 바람이었으며

영화 속 슬픈 여주인공 대신
눈물샘이 마르도록 따라 울어주고 싶어도
바닥난 슬픔이 덜컹거린다

지금은 나 혼자 걸어가야 하는,
도리없이 꼭 그래야만 한다고
통통 부어오른 발등에 대고
슬그머니 꽃등을 켜주는 저녁달

빈자리

작은 숲 카페에서 모임 하는 날
창문 가득 들어오는 정원수와 꽃들이
그대로 명화 작품이다

복숭아꽃 아기 진달래꽃 같은 얼굴들이
모여들면서
어떤 이는 강아지풀로
누구는 수선화로, 누구의 누구는 채송화로
한 자리씩 차지하는 사이
이 빠진 징검다리 빈자리가
서럽고 허전하다

바람처럼 세상 떠났다는
어처구니없고 느닷없는 친구 소식도
내 것처럼 익숙하다

도대체 용서가 안 되는 시간은
한눈도 안 팔고 염치없이 잘도 흐른다

라일락

아침에 라일락이 몸을 풀었다
벽제천 실버들 가지를 늘어뜨리고 있던 바람이
꽃밭까지 햇살을 끌어와
죄 없는 라일락 가지를 통째로 흔들어 놓았다

올올이 풀어 놓은 향기가
아파트 단지를 들썩이게 하고
이제 막 교대근무 마치고 돌아가는
경비실 아저씨 얼굴에까지
모락모락 봄볕 향기 피어오른다
이런 날은 일부러
뒷산 숲길에 오를 일도 없고
화장품 가게 진열대에서
향수병을 기웃거리지 않아도 좋다

하물며 찻물을 끓이지 않아도 된다
그냥 라일락 나무 아래 서 있기만 하면
꽃차가 절로 나온다

발

고장 난 발을 들고 수리하러 갔다가
허탕치고 돌아오는 길
아무리 생각해도 무언가 억울하다

어쩌다가 내 발은 바닥 근처에도 가보지 못하고
겨우겨우 나를 끌고 다닌다
아니면 내가 발을 이끌고 다니는지도 모른다
하물며 가시밭길인지 꽃길인지 알아보지 못하고
나도 이게 내 발인지, 남의 발인지
헷갈릴 때가 있다

작년에 바닥을 쳤으니
올해는 차고 올라올 일만 남았다는 친구가
쓴웃음 지을 때
바닥 근처에도 가보지 못한 내 발은
아무 죄 없는 봄풀을 밟고 서 있다

소나기 생각

빗소리 한차례 지나가고
뻥 뚫린 하늘 물끄러미 올려다보면
별별 생각이 다 든다
가두어 모아 놓은 눈물 다 쏟아붓고 가더니
누구 몸 타드는 갈비뼈까지 오려서 녹아 내려놓고는
나 몰라라,
벌건 한낮에 햇살 밀어 올린다

남은 눈물, 상처까지 박박 긁어 부스럼 일으켜 놓고
언제 내가 그랬냐고
살아서 저질러 놓은 죄, 다 씻어 냈다고
시치미 뚝 떼고 햇살 잘도 차오른다

그럴 때는 소나기 그친 가을 하늘도 구질구질하다

이병화

112byung@hanmail.net

시작 노트

씽잉볼 입술에서
물방울 한 줄 튀어 오른다
둥근 벽을 넘지 못하고
지느러미치며 돌아와
주저앉는 소리 방울
그 여음 속으로, 새 한 마리 날아든다
마음의 수평선 삐딱하게 젖는 해거름,
명상의 늪은 옐로우다

---

* 경기도 안성 출생, 경기도 이천 거주. 2004년 한국예총 〈예술세계〉 등단. 시집 『도시의 벼랑에 서서』 『나는 명태입니다』 이천문인협회, 예술시대작가회, 혜화시동인회 회원. 한국사진작가협회 회원

풀 멍

기세등등 뻔뻔하게 굴던 잡초
호미 날에 걸려 석고대죄한다
무단침입에 대한 대가이다
오리걸음 뒤, 쌓이는 풀더미에
색깔 없는 성취감 슬며시 올라앉는다

기우뚱 넘어질 때마다
엎어진 김에 쉬어가길 몇 차례
불그죽죽한 땀방울 타고
관절 속으로 개구리 놀러 온다
약지에 낀 반지, 새끼손가락에 갈아 태우고
호밋자루에 힘을 보탠다

마음속 잡초까지 골라가며
풀 뽑기 삼매경
뒤돌아보니 엉덩이 발자국이
내 살아온 길만큼 구불텅하다

흙냄새 맡으며 새들이 불러주는 노래
풀빛 물소리 헤아리면서
더 느리게 더 천천히 살고픈 나이
몸 힘든 만큼, 마음은 평화롭다

뙤약볕 아래 두 발로 그려낸
추상화 한 점,
뜯어 볼수록 그럴싸하다

구 회 말 투아웃은 언제나 희망

토요일 저녁 여덟 시만 되면
최저 시급과 맞바꾼 그의 꿈은
손바닥만 한 고시원 창문을 넘나들고
수십 개의 공은 우주로 튀어 오른다
구 회 말. 역전을 꿈꾸는 그가
방망이를 힘껏 내리치며
제발~제에발~ 맞아라
핫~ 스윙이다
오늘도 변두리 고시원을 넘나들며
복권방을 기웃거리는 그를
끌고 다니는 낡은 트렁크
바퀴가 아슬하다
두 평 남짓한 그의 방에서
안타도 아니고 반칙도 아닌 파울볼,
괜한 무릎만 치다가 주저앉는
삼진아웃 복권 플레이
여섯 개의 공으로 숫자를 빚고

보름달 쳐다보며 후후 불어대는
희망의 불씨

수상한 동거

자유롭게 흙 속 헤엄치며
유연한 몸매로 기지개를 켜는
지렁이 집성촌, 대대리 정원

메뚜기와 여치가 달리고
방아깨비와 사마귀는 씨름 중
청개구리들이 응원하는 잔디밭은
그대로 메인스타디움

호박벌 깜짝 프러포즈에
박각시나방 촉수 말아가며
밀회를 즐기는
백일홍 알록달록 카페

벌레 먹은 비비추잎 구멍, 그 사이로
민달팽이가 보려 했던 건
누구와 누구의 연애였을까

정원의 가을을 스캔하고 있는
고추잠자리에게 금방 들통나고 말
대대리 정원의 수상한 동거를
그대는 아시나요?

블랙홀 여행

한없이 빨려 들어간다
검푸른 물의 향기
철-썩, 온몸을 휘감는다
어둠은 깊이 파내려 갈수록
평온함에 이른다
오직 과거만 존재하는
하늘을 닮은 나만의 동굴
잊고 살아온 삶의 마디가
툭툭, 딴지를 건다
엉뚱한 시절이 끼어들어
불쑥 가로막기도 한다
잃어버린 퍼즐 한 조각 찾아
그림 한 점 완성 시킬 수 있는
블랙홀 여행, 티켓 없어도
맘만 먹으면 떠날 수 있어 좋다

잠자는 고향

고향 더듬는 실향민들로
명절 끝, 유람선 단양호는 만선이다
제트 보트가 물살을 뒤틀자
살콩, 솟구치는 하괴리* 마을

검푸른 물살 타고 흐르는 황포 돛배는
백 년 묵은 느티나무 그늘 지나
유년의 골목을 헤집고
큰 집 마당으로 들어선다

사방을 허우적거려도
손에 잡히지 않는 물밑 고향도
재개발에 그림자 잃어버린
눈에 보여도 보이지 않는 고향도
모두 주소 잊고 억지 잠을 잔다

  *하괴리 : 충주댐 건설로 수몰된 단양시 매포읍에 있던 동리

길냥이

두 눈 감긴 아기 길냥이
골목 모퉁이서 가늘게 울고 있다
어미한테 버림받은 모양새다
엉겨 붙은 눈곱을 씻기고 보니
눈동자가 똘망똘망한 녀석이다

며칠 돌보다 밖에 내놓아도
자꾸 다시 들어오는 바람에
은근슬쩍 가족으로 스며든
제 이름 받을 겨를조차 없이
시름시름 앓던 아기 고양이
며칠 만에 내 품 안에서
숨이 툭! 끊어지고 말았다

백합처럼 얼굴빛 하얘지며
먼 길 떠나시던 아버님 임종 이후
두 번째로 목격한 마지막 숨결

이승과 저승이 OX 게임처럼
금 하나 사이라는 걸 알게 해준
길냥이의 주검은, 조용한 충격이었다

발 캐기

타짜의 유혹에 화투장 손댔다가
패가망신한 이웃집 영기 아베처럼
낙지 잡다가 손맛 한번 제대로 본 나는,
갯벌에서 네 발로 미끄럼 타다가
구멍만 보이면 팔뚝을 꽂았다

무심히 힘준 장화발이 쭈르륵
뻘밭에 뿌리내리는가 싶더니
가위눌리던 어젯밤 꿈, 딱 맞아떨어졌다

끈끈이 풀에 갇혀버린 생쥐 형국
내 발을 캐어 줄 사람, 어디 없소?

김진경

jinkkim12@daum.net

시작 노트

흐린 날 아침 현관 앞에서
우산을 몇 번이나
접었다가 폈다가 했는지 모른다
뭉툭하게 닳아가는 연필로
소나기처럼 쏟아놓은
상념들
멀리서
먹구름이 몰려온다

---

* 한국예총 〈예술세계〉 시 부문 신인상
  시집 『붉은 열차』. 한국무용가. 맥파문학상 수상

종이꽃 할머니

꽃이라고는
그림자 한 송이 얼씬거리지 않는 골목
퍼즐로 짜놓은 그물 사이
엉성하게 묶어놓은 폐지 사이로
나비가 날고 있다

종일 모퉁이 돌고 돌아 나왔는데도
굴곡진 삶이 흥건하게 고여있는
어제 만난 골목이 기다리고 있다

폐지를 실은 손수레가 언덕길을 끌어당기면
가까스로 굽은 날개를 펼치고
비 오는 골목, 천둥처럼 뒤통수를 후려치는
자동차 경적 울음에
날개를 한껏 안으로 오므리며 웅크리는
종이 할머니

언제 한번 하늘 높이 날아오를까
저녁 어스름 발등을 밝혀주는 달빛같이
때로는 안간힘으로 피어난 민들레같이
시퍼렇게 살아나는 생의 무게
버려진 종이 꿈을 주워 모으며
봄은 어느 날 불쑥 찾아오는 거라고,
삐걱거리는 바큇살 따라
구겨진 할머니가 날개를 펼치고 일어선다
그때마다 손수레가 씨방으로 날아오르고
폐지들이 덩달아
종이꽃으로 들썩들썩 피어난다

납작납작 엎드려 있는
길 위의 햇살이 다리를 길게 뻗는다

씨앗으로 던져놓은 말

한바탕 빗방울 놀다 가고
담장 너머로 뻗어나간 줄기 하나에
꽃망울 몇 점, 필까 말까 주춤하고 있다
줄기는 하늘로 차오르고
손잡고 따라 걸어온 잎새 같은 문장은
설익은 말이 되어 슬그머니 바닥에 주저앉는다
서로 익숙한 말이 낯설어지고
쓰다가 던져놓은 말들이 담벼락에
주렁주렁 매달려있다
꽃망울은 빗소리에 움츠러들고
한동안 잊고 지내온 말을 씨앗으로 쏟아낸다

내가 등 돌리고 돌아선 그 이후
더러는 땅속에 묻히고
몇몇은 제 식구로 받아들였다
담장에 걸어두었던 꽃씨를 찾아
한 자 한 자 주파수를 맞추어 본다

새벽이슬처럼 촉촉하게 맺혀 있는 말들
가까스로 붉은 꽃망울 피어나는 날에
버려지고서야 꽃씨가 되는 말이 있다

샛별

먼 산 햇덩이 숨어들고
숲새로 드나드는 저녁 바람에
달맞이꽃 발을 멈춘다

내 안에 슬몃슬몃 들어와
환하게 불을 켜주는
푸른 별

바람꽃

고단했던 하루를 차곡차곡 접어
달 그늘에 숨겨 놓았나
고요한 침묵 끝에서
가만히 얼굴을 내민다

사람들 가슴 가슴마다
기도로 다가와서
어느 허기진 사람의 마음으로 스며가서
희망으로 피어날까

무엇을 쓸어 담아도
기도로 환하게 아침을 밝혀주려는
한 송이 바람꽃

바람이 자꾸 등을 떠민다

과속 방지턱

도로를 달리다가
과속 방지턱을 만난다

멈칫멈칫 속도를 줄여본다

방향을 잡아보려는 앞바퀴와
순순히 따라 주는 뒷바퀴가
나란히 한 방향이다

꿰어지지 않은 말을 넘어서
서로에게 어긋난 마음도 넘어서면
끝내 한통속이 된다

길 위에
느슨하게 찍어 놓은 쉼표 하나

내가 언제 그랬냐고
거짓말처럼 다시 평온함에 이르는 길

단풍, 먼 길 가는 날

잎새가 물드는 일은
숨 가쁘게 달려온
초록의 무게를 덜어내는 일

가을, 이라고 말을 붙이자마자
한 잎 또 다른 한 잎들이
빛을 거두어 가면서
노을이 된다

날아올랐다 사라지는 새들의 노래
그 한 소절만큼
마른 잎새들 사그락사그락 뒹굴며
가을날이 먼 길 떠나고 있다

김진경

간헐적 이별

연못에 무수히 많은 손바닥이 떠있다
지난겨울 어미 손을 놓친 어린 손바닥들
상실감인지 두려움인지
팽팽한 긴장감이 감돈다

그 연못에 가면
외로움을 삼키고 있는 눈물샘처럼
한 편의 연극이 끝난 무대의 막처럼
이별보다 깊은 공허가 잠들어 있다
고요를 깨뜨리는 청둥오리가
연잎 사이로
보였다 안 보였다
숨바꼭질하는 사이
분홍꽃잎에 채 이르지 못한
연잎의 손마디가 물 위에 갇힌다

실수 연발이라는 고충이 박혀있는

먼저 떠난 손바닥은 물가를 떠돌고
한발 늦게 도착한 다른 손바닥이
손목에서부터 뼈를 맞추고 있다

여름 아침 연못에 다시 가면
꽃이 되지 못한 손바닥이 쌓여있다
미궁의 틈 속에서
소소한 결핍 속에서
가끔은 저렇게 이별하는 방식도 좋겠다

박종익

parkji1770@naver.com

시작 노트

거리와 방향을 환산하려면
당신이 어디에 서 있는지 좌표를 정해야 한다
당신과 나 사이의 거리를 예측할 수 없고
설명할 수 없으므로 글을 쓰는지 모른다
중심을 허공에 맡겨 놓은 럭비공을 보면 안다
시가 그렇다
뿌려놓은 말들이 살아서 꿈틀거리며 어디로 튈지 모를 일이니까

---

* 호, 우재(愚齋) 해양문학상, 한국해양문학상, 전국 호수예술제 대상, 신춘문예 당선(2022), 아르코창작기금 수혜, 아토포스 회장, 고양시문인협회 임원, 예술시대작가회 회장, 창작 시집 「나도 마스크」, 「냉이꽃 당신」, 모바일 시집 「코로나 유감」, 「쓰러지지 마」

뜬구름 집

차오르는 물살 끌어와 구름집을 샀어요
딱히 집이라고 하기에는 겨우 물살의 끝점
물거품으로 기둥 세우고 지붕을 올려 봅니다
지푸라기 한 줌 얼씬거리지 않는 자리에
파도가 쓸려간 구름집 한 채
모래집이 허물어지고 몽돌이 바스러질 때까지
물거품이 목숨값을 흥정합니다
저 오갈 데 없는 수많은 찔룩게들
물 주름은 어쩌라고요
가진 게 파도뿐인 바다는,
그저 아가미가 떡 벌어지는 세상입니다
보증금에는 이자가 붙지 않는다는데
엘니뇨가 드리우고 간 구름 지붕 아래서
월말이면 민들레꽃이 피었다가
다시 시들고 맙니다
질경이꽃도 꽃이라고, 꽃게가
가위 손을 흔들며 바닥에서 버티고 있습니다

이제 막 품에서 보풀같이 풀려나온 주꾸미들
어느 바다 어느 하늘에서 꿈꿀 수 있을까요
파도는 흘러가는 것도 아니고
떠도는 것은 더더욱 아닌데
구름도 별자리도 얼씬거리지 않고
물거품만 보송보송 피어오르는 구름집을
남의 속 모르는 소라게가
자꾸만 기웃거립니다

허리끈

위아래로 길게 하얀 줄이 도드라진
운동복을 입고 학교에 가요

외줄 허리끈을 힘껏 잡아당기면
아버지의 낡은 소가죽 허리띠보다 몇 걸음 더 팽팽해져요
허리가 헐렁하면 지각할지 모릅니다

친구들과 달리기해요
검은 고무줄로 허리를 꿴 친구들이 앞서가요
힘차게 달려 나갈수록 허리는 쥐도 새도 모르게 흘러내려요
앞발과 뒷발 사이에서 몸통은 엇박자로 뒤뚱거리고
언제 넘어질지 모를 불안감이 등을 떠밀어요

무릎에 구멍 나는 것보다
허리가 헐렁한 것이 더 무섭고 살 떨려와요
언제 쓰러질지 모를 일이니까요
그래서 나는 매일 달리기 전에 허리를 바짝 졸라매요

허리를 당겨 매는 만큼 달리는 발소리는 더 경쾌하거든요

바지와 나는 점점 한 몸이 되어가요
집에 돌아갈 때는 달그락거리는 빈 도시락의 울음을 업고
나는 다시 달려야 해요
구멍은 어머니께서 작은 바늘로 메워 주실 거예요
장에 가신 아버지는 노란 생고무 줄을 사 오실지 몰라요
내일은 일등으로 달리고 싶어요
술을 드시는 건지, 저녁 별이 멀어질 때까지
아버지는 돌아오지 않네요

허리끈이 팽팽하게 당기는 저녁이었어요

총구

오늘 나는 여지 없이 죽었다
탕, 한 방 맞고 분명 쓰러진 것이다
붉은 피가 낭자하고, 정신은 아득했다
아침에 내가 벌인 검은 실랑이가
말하자면 방향을 모르고 날아다니는
총알이 되었다
말 한마디 무서운 세상에
무심코 쏘아버린 플라스틱이
결국, 나를 겨누고 달려들었다
세상의 모든 방아쇠는 믿음이 안 간다
총부리에 슬픈 곡절이 자라나서
총구의 방향을 알아차릴 수 없고
빙하를 녹아내리고, 종잡을 수 없는
태풍은 종횡무진 몰려와 세상을 덮친다
총구를 떠난 잔인한 음모가 펄펄 날뛰다가
지구 한 바퀴를 돌아와
언제 내 뒤통수를 겨누었는지 모르겠다

갈라진 혓바닥이 날름거리는
저 음흉한 속내가 가지를 내고 해변을 휩쓸며
폐족의 잎사귀를 펼쳐 세상의 지붕을 집어삼킨다
미끄러운 비누가 권총이라면
플라스틱은 장총이거나 기관총이다
내가 겨누고 나아가야 할, 생의 방향을
알 수 없듯이 이를테면
아무렇게나 버린 플라스틱이
천년만년 자라고 자라나서
오대양 어느 바다에 흉악범으로 떠돌 것이다
이제는 검은 유폐가 두려운 것이 아니라
총구가 어디를 향하고 있는지
모른다는 사실이 더 두렵고 살 떨리는 일이다
나는 이제 죽은 목숨이다

거미집

바람이 우주의 기둥을 흔들어요
지붕은 벌써 날아가고 없습니다
사는 게 이런 건가요
아래로 내려갈수록 매달릴 데가 없습니다
별똥별이 쏟아지듯 내려가 봐도
외줄에 매달린 집은 사상누각입니다
눈물과 웃음의 좌표는 늘 바람에 나부끼고
생의 기울기는 숙성된 해와 달을 따라붙습니다
하얀 밧줄을 탄 바람이 우주를 가로질러
무중력의 끝점으로 추락하고 있어요
삶의 무게는 중력 가속도를 따라 위아래로 흔들리지만
두렵지 않으려고 악으로 깡으로
수직과 수직을 외줄로 하얗게 엮어 봅니다
태양이 사라진 암흑 속에서도 흔들리지 않으려고
밤새 이슬이 방울방울 생의 줄기를 적시고 있어요
젖은 몸 마르면 내일이면 어제보다 더 가벼워질까요
허공의 중심에다 온몸을 걸고,

죽을힘으로 나래짓을 해봅니다
중심이 흔들리며 삐걱거려요
바람이 나를 비켜 가고 있는 거지요
가진 거 하나 없이 허술하기 짝이 없는 궁핍도
저녁이 내리면 달빛으로 흥건해지고
이슬에도 빛나는 환한 집으로 다시 살아나고 있어요

물마중

지구의 중심을 향해 바다를 오르내리는
그녀는 들숨날숨이 없다
그러므로 전복 소라에게도
벅차오르는 숨, 조여오는 물살 따위는
아무 것도 아니다
처자식 먹여 살리겠다고
더 깊은 푸른 바닥의 선심을 얻어야 한다
바다가 아무리 등 떠밀어 올려도
그녀에게 중력은 목숨이어야 하고
최소한 밥이어야 한다
막 건져 온 전복 홍해삼 뿔소라 성게
산목숨 팔아 날 것을 얻는다
이따금 돌문어라도 걸리는 날엔 횡재수다
그녀의 나이만큼 낡은 망사리에
가득한 목숨값으로
어판장에서 또 내일을 사고판다
멀리 골목에서

종일 엄마를 기다리다가
엄마를 부르며 한달음에 물마중 오는
철부지의 멍든 눈시울에
모진 바닷물이 철썩거린다
대문 깊숙이 들어서는 것도
또 하나의 물질이다
숙제를 안 해도 지아비가 술을 먹고 와도
숨을 꾹 참고 식구들 가슴 깊숙한 곳으로
물질해야 한다
조금만 더 숨 참으면 식탁에 웃음꽃 피어나고
저 깊은 바닥에서 세상 밖으로
튼실한 날 것을 끌어내며
뿜어내던 힘찬 숨비소리에
살맛이 주렁주렁 열릴 것이라고
밥상을 물려 놓고 먼 바닷바람 소리를 듣는다

빵에 대한 상대성이론

배고픈 소크라테스를 비껴간 빵은
더는 식욕의 포로가 아니라 탐욕이다
참치김밥 한 뼘이 삼천 원일 때
삼천 원의 분량을 크기로 풀어보면
식빵의 깊이와 폭이 가장 넓다
하루 남은 유통기한에 목숨이 저당 잡혀 있는
옥수수빵 봉지를 뜯으며
싱그러운 딸기밭을 걸어간다
먹어도 먹어도 식욕은 당기는데
나는 배고픈 돼지가 아니어야 한다고
혼자 묻고 혼자 대답하는 순간
빵을 떠난, 부스러기가 비바체 속도로
비둘기 발등에 날아든다
식욕 앞에서 비둘기가
나와 빵부스러기 사이를 두리번거리며
빵이 걸어온 이력과 함수관계를 의심한다
거대한 시조새 부리에 묻은

하얀 빵가루에 탐을 내는 야만의 개미도
하늘을 향해 검은 입을 벌린다
붉은 발가락이 잘려 나간 비둘기,
휘어진 시공 사이로
사르르 함박눈이 이스트 가루로 내려앉는다
더는 빵이 아닌 빵가루의 경적에
중력의 올가미를 통과한 비밀의 문이 열린다
식빵의 근원을 생각해 본 적 없는 개미가
빵가루의 신비에 대해 새로운 가설을 세우며
식빵의 행적을 은밀하게 누옥에 가둔다

도마뱀의 이별법

꼬리를 내어주는 대신 몸통을 포기하기로 합니다
갈비뼈를 반으로 나누어 셈을 치를 때
어느 쪽이 슬픔이고 기쁨인지 정답을 몰라서
이왕이면 큰 쪽을 떼어 주려다가
세 치 혓바닥까지 덤으로 넘겨주고 맙니다
몸통이 횡재수를 가졌다고 뛰어든
하얀 자작나무 숲길에
비스듬히 돌아누운 잎사귀 이름은
노란 도마뱀이 아니고
잘려 나간 꼬리는 풀꽃이면 더더욱 안 됩니다
도마뱀을 쫓아간 쪽은 바람이지만
몸통에 네 다리 꺾어주고 돌아선 꼬리가
바람 소리에 놀라 부러진 상처를 드러내도
누구도 귀띔해 주지 않는
저 어둠의 정체는 알 길이 없습니다
바람이 사정없이 내리치고 간 꼬리뼈 끝에서
날카로운 비명이 무럭무럭 자랍니다

누구일까요
자작나무 잎사귀 사이에 숨어드는 그림자
가까우면 어느새 멀어지는 숲길은
수상한 반란이 금방 일어날 것만 같은데
감당할 수 없는 바람이 사방으로 흔들릴 때
꼬리가 잘려 나간 방향으로
죽어라, 몸통을 불러봅니다
가지 끝에서 시간이 부러지고 꺾어집니다
추억의 꼬리표를 잘라내고
그 시간을 사각사각 후벼 파는 몸통
두 손 들어주기 위해 악착같이 피어나는 상처에
내 앞에서 핏발 서린 눈물 한 방울까지
그만 제 몸통을 자르고 맙니다

여보게, 저 땅은 자네가 가지게

터가 마음에 들어 오만 평을 샀다
한강이 발등에서 흐르고
눈비 몰아치는 날에도
바람 한 점 얼씬거리지 않고
황금빛 하늘 머물러 주고 가면
때때로 둥근 달 차오른다

토지이용계획에도 안 보이고
지적도에 나오지 않는 땅
등기는 해도 그만, 안 해도 그만이다
오늘 밤 저 멍텅구리 구름 걷히면
한 오만 평은 더 찜해야겠다
측량은커녕 팻말 따위는 따로 세우지 않아도
아니, 내 땅을 당신 땅이라 부득 우겨도
시비 가리면서 가슴 도려낼 일 없다

저녁 별들이 서로 공증해 주겠다고
부동산 쇼핑하러 오라며 눈짓 보내오면
나도 윙크하며
깜박 속아 넘어가 줘야겠다

달 밝은 밤에 거나하게 한 상 차려 놓고
눈에 보이는 땅, 몽땅 끌어모아서
친구들에게 펑펑 나눠야겠다